ANNE THIEMEYER

Tolle Topflappen schnell gehäkelt

RAVENSBURGER RATGEBER
IM URANIA VERLAG

Inhalt

Quadratisch? Praktisch. Gut!

Topflappen – ein Utensil aus längst vergangenen Zeiten? Nein! Ganz im Gegenteil. Es wird auch heute noch heiß gekocht und wer möchte da schon auf die praktischen Küchenhelfer verzichten?
Topflappen – ein auch heute noch häufig verwendetes, schönes Hilfsmittel in der Küche? Ja! Klein, fein und unentbehrlich.
Dass Topflappen nicht nur praktisch, sondern auch ein dekoratives Element sein können, zeigen die Modelle in diesem Buch. Einfache Ringelmuster in sonnigen Farben, kompakte Strukturmuster und jede Menge witzige Motive machen Lust aufs Häkeln. Wie wär's, wenn Sie bei der nächsten Einladung zum Essen dem Gastgeber oder Hobbykoch ein witziges Topflappenpärchen mitbringen würden? Eine individuelle Alternative zur Flasche Wein oder zur Pralinenschachtel!
Suchen Sie sich Ihr Lieblingsmodell aus und machen Sie sich ans Werk. Die Muster sind einfach und mit Hilfe von Zählmustern und Häkelschriften leicht nachzuarbeiten. Auch wenn Sie schon länger nicht mehr zur Häkelnadel gegriffen haben, werden Sie keine Schwierigkeiten haben, denn die Erklärungen und Zeichnungen im Kapitel „Allgemeine Hinweise" werden Ihre Wissenslücken wieder schließen – und im Handumdrehen gelingen auch die etwas aufwendigeren Modelle.
Ich wünsche Ihnen viel Spaß beim Anschauen, Aussuchen, Anfertigen und – falls Sie sich dann noch trennen können – beim Verschenken.

Anne Thiemeyer

Allgemeine Hinweise

ABKÜRZUNGEN

Abb.	= Abbildung
abm.	= abmaschen
Dstb.	= Doppelstäbchen
dreif. Stb.	= dreifaches Stäbchen
f.M.	= feste Masche
Hs.	= Häkelschrift
h.Stb.	= halbes Stb.
Km.	= Kettmasche
Lm.	= Luftmasche
lt.	= laut
M.	= Masche
R.	= Reihe
Rd.	= Runde
Stb.	= Stäbchen
wdh.	= wiederholen
Zm.	= Zählmuster
zus.	= zusammen

ALLGEMEINE HINWEISE

Auf den folgenden Seiten finden Sie alle Hinweise, die Sie zum Nacharbeiten der abgebildeten Topflappen benötigen.

Die einzelnen Maschenarten werden anhand von Zeichnungen erläutert. In den Häkelschriften wird jede Maschenart durch ein eigenes Häkelschriftzeichen dargestellt. Die Erklärung der Häkelschriftzeichen finden Sie auf Seite 7.

MASCHENARTEN

Anfangsschlinge, Abb. 1 + 2

Viele Häkelarbeiten beginnen mit einer Lm.-Kette, für die zunächst eine Anfangsschlinge gebildet wird. Den Fadenanfang zu einer Schlinge legen. Den vom Knäuel kommenden Faden mit der Häkelnadel durch die Schlinge ziehen. Die Fadenenden anziehen, bis die Schlinge locker auf der Nadel liegt.

Abb. 1

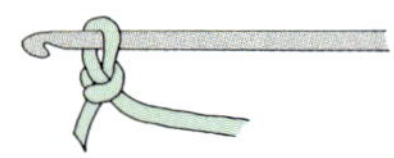

Abb. 2

Luftmaschen, Abb. 3 + 4

Einen Umschlag auf die Nadel nehmen und durch die auf der Nadel liegende Schlinge ziehen.

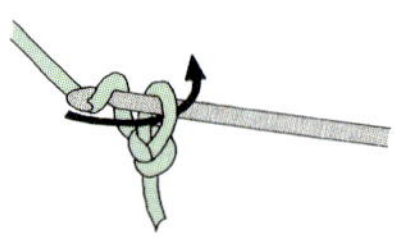

Abb. 3

Abb. 4

Kettmasche, Abb. 5 + 6
In eine M. einstechen, einen Umschlag auf die Nadel nehmen und in einem Zug durch die M. und die auf der Nadel liegende Schlinge ziehen.

Abb. 5

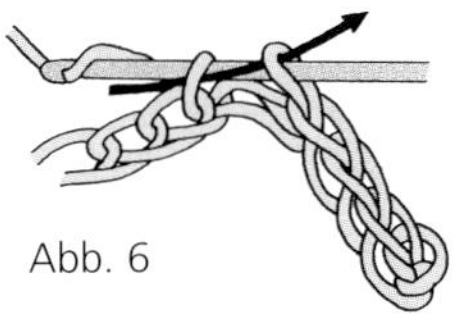
Abb. 6

Feste Masche, Abb. 7–9
In eine M. einstechen, einen Umschlag auf die Nadel nehmen und durch die M. ziehen. Dann erneut einen Umschlag aufnehmen und in einem Zug durch beide auf der Nadel liegende Schlingen ziehen.

Abb. 7

Abb. 8

Abb. 9

Halbes Stäbchen, Abb. 10–12
Einen Umschlag auf die Nadel nehmen, in eine M. einstechen und eine Schlinge durchholen. Dann nochmal einen Umschlag aufnehmen und durch alle 3 auf der Nadel liegenden Schlingen ziehen.

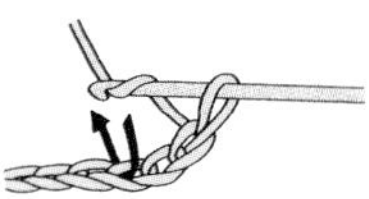
Abb. 10

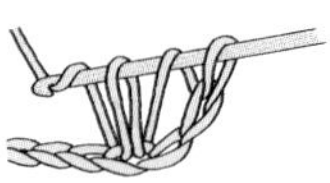
Abb. 11

Abb. 12

Stäbchen, Abb. 13–16
Einen Umschlag auf die Nadel nehmen, in eine M. einstechen und eine Schlinge durchholen. Einen Umschlag aufnehmen und durch 2 auf der Nadel liegende Schlingen ziehen. Dann nochmal einen Umschlag aufnehmen und durch die beiden auf der Nadel liegenden Schlingen ziehen.

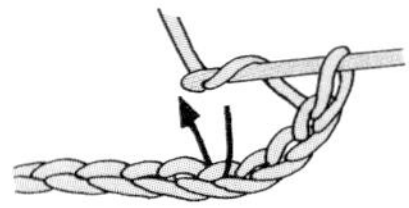
Abb. 13

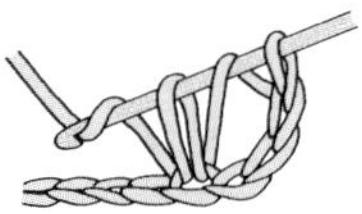
Abb. 14

Abb. 15

Abb. 16

Doppelstäbchen, Abb. 17–21
2 Umschläge auf die Nadel nehmen, in eine M. einstechen und eine Schlinge durchholen. Einen Umschlag aufnehmen und durch 2 auf der Nadel liegende Schlingen ziehen (= abm.). Noch 2-mal mit je einem Umschlag je 2 Schlingen abm.

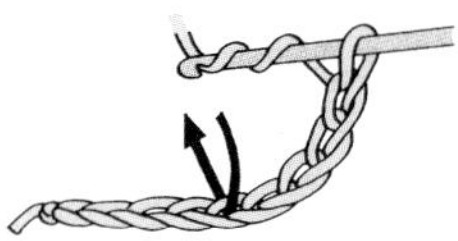
Abb. 17

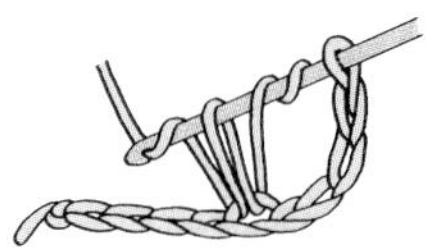
Abb. 18

Abb. 19

Abb. 20

Abb. 21

Dreifaches Stäbchen
3 Umschläge auf die Nadel nehmen, in eine M. einstechen und eine Schlinge durchholen. Dann 4-mal mit je einem Umschlag je 2 Schlingen abm.

Fadenring, Abb. 22–26
Beim Häkeln in Rd. beginnt man mit einem Fadenring. Mit der Häkelnadel einen Umschlag aufnehmen und durch den Ring ziehen. Die 1. f.M. durch 2 Lm. ersetzen, dann f.M. in den Fadenring arbeiten. Nach der letzten f.M. wird der Ring mit dem losen Fadenende zusammengezogen.

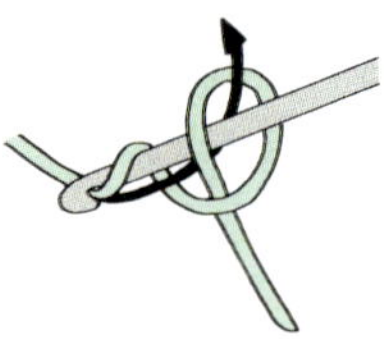
Abb. 22

Abb. 23

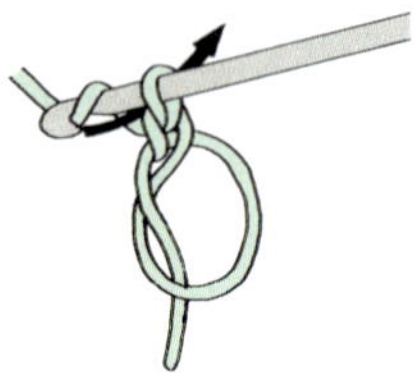
Abb. 24

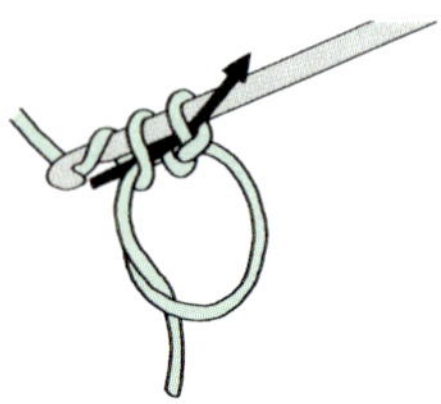
Abb. 25

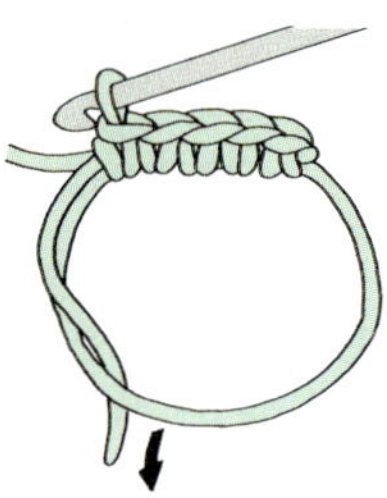
Abb. 26

Arbeiten nach Zählmuster
Ein Zm. gibt ein Modell M. für M. wieder. Jedes Karo des Zm. steht für eine f.M.

Lm.-Anschlag
Für jedes Karo im Zm. eine Lm. anschlagen + eine zusätzliche Wende-Lm.

Gerade Ränder
Gerade Ränder lt. Hs. arbeiten. In der 1. R. die 1. f.M. in die 2. Lm. ab Nadel häkeln. Am Anfang jeder R. 1 Wende-Lm. häkeln, dann die f.M. wie gezeichnet in die M. der Vor-R. arbeiten.

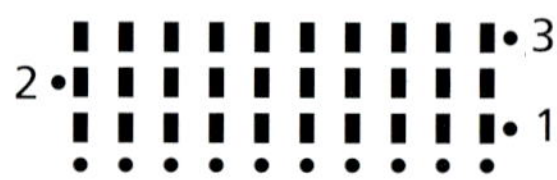

Zunahmen am Reihen-Anfang
1. M. zunehmen: Nach der Wende-Lm. 2 f.M. in die 1. M. der Vor-R. arbeiten.
Mehrere M. zunehmen: Pro Karo im Zm. 1 Lm. anschlagen + eine zusätzliche Wende-Lm. Die 1. f.M. in die 2. Lm. ab Nadel häkeln.

Zunahmen am Reihen-Ende
1 M. zunehmen: In die letzte M. der Vor-R. 2 f.M. arbeiten.
Mehrere M. zunehmen: Pro Karo im Zm. 1 f.M. mit Fußschlinge arbeiten, d. h. für die 1. Zunahme in die Einstichstelle der letzten f.M. einstechen, Schlinge durchholen und mit 1 Umschlag abm. Diese Schlinge wird als Fußschlinge bezeichnet. Dann nochmal einen Umschlag aufnehmen und durch beide auf der Nadel liegende Schlingen ziehen. Für weitere Zunahmen die Fußschlinge aus der Fußschlinge der vorhergehenden M. durchholen.

Abnahmen am Reihen-Anfang

1 M. abnehmen: Nach der Wende-Lm. die 1. f.M. in die 2. M. der Vor-R. arbeiten oder die ersten beiden M. zus. abm., d. h. aus den ersten beiden M. der Vor-R. je 1 Schlinge durchholen, dann mit einem Umschlag alle 3 Schlingen zus. abm.
Mehrere M. abnehmen: Die entsprechende M.-Zahl mit Km. überhäkeln.

Abnahmen am Reihen-Ende

1 M. abnehmen: Die letzten beiden M. zus. abm.
Mehrere M. abnehmen: Die entsprechende LM.-Zahl unbehäkelt lassen.

Kettmaschenlinien aufhäkeln

Das Knäuel unter das Häkelteil legen, die Häkelnadel von der Vorderseite aus durch das Häkelteil zur Rückseite führen und eine Schlinge auf die Vorderseite holen. Dann in den nächsten Einstichpunkt einstechen und wieder eine Schlinge von unten auf die Vorderseite holen und durch die auf der Nadel liegende Schlinge ziehen.

ERKLÄRUNG DER HÄKELSCHRIFTZEICHEN

 = Luftmasche (Lm.)

 = Kettmasche (Km.)

 = feste Masche (f.M.)

 = 2 f.M. in dieselbe Einstichstelle

 = 2 f.M. zusammen abmaschen: aus 2 nebeneinander liegenden M. je 1 Schlinge durchholen, dann 1 Umschlag auf die Nadel nehmen und durch alle 3 auf der Nadel liegenden Schlingen ziehen

 = 3 f.M. in dieselbe Einstichstelle

 = f.M. mit Fußschlinge: aus der Einstichstelle der letzten M. 1 Schlinge durchholen, mit 1 Umschlag abm. = Fußschlinge. Dann 1-mal 2 Schlingen abm. Für jede folgende f.M. die Fußschlinge aus der vorhergehenden Fußschlinge durchholen

 = 1 halbes Stäbchen (h.Stb.)

 = 1 Stäbchen (Stb.)

 = 2 Stb. in dieselbe Einstichstelle

 = 2 Stb. zus. abm.: von jedem Stb. 1-mal 2 Schlingen abm., dann mit einem Umschlag alle 3 auf der Nadel liegenden Schlingen zus. abm.

 = 3 Stb. zus. abm.: von jedem Stb. 1-mal 2 Schlingen abm., dann mit einem Umschlag alle 4 auf der Nadel liegenden Schlingen zus. abm.

 = 1 Doppelstäbchen (Dstb.)

 = 2 Dstb. zus. abm.: von jedem Dstb. 2-mal 2 Schlingen abm., dann mit einem Umschlag alle 3 auf der Nadel liegenden Schlingen zus. abm.

Katz' und Maus

Material:

Baumwollhäkelgarn Lyric 8/8 in Creme 502 (für ein Topflappenpaar werden 2 Knäuel benötigt), Anchor Sticktwist in Schwarz und Weiß, alle Garne von Coats; Häkelnadeln Nr. 3,5, 2,5 und 1,75

KATZE

Größe: ca. 20 cm ø
Häkelschriftzeichen auf Seite 7

Grundmuster: f.M. in Rd. häkeln, dabei die Rd. spiralförmig ausführen. Zur Kontrolle der Maschenzahl empfiehlt es sich, nach der letzten M. einer Rd. einen Faden in einer Kontrastfarbe einzulegen, dann die folgende Rd. arbeiten. Am Rd.-Ende den Faden entfernen und bei jedem Rd.-Anfang neu einlegen.

Maschenprobe: 5 Rd. ergeben 5 cm ø.

Ausführung: Den Kopf im Grundmuster arbeiten.
1. Rd.: in einen Fadenring (siehe Seite 6) 2 Lm. + 7 f.M. arbeiten = 8 M.
2. Rd.: 4-mal jede 2. M. verdoppeln = 12 M.
3. Rd.: 6-mal jede 2. M. verdoppeln = 18 M.
4. Rd.: 6-mal jede 3. M. verdoppeln = 24 M.
5. Rd.: 6-mal jede 4. M. verdoppeln = 30 M.
6. Rd.: zuerst die 2. M. verdoppeln, dann noch 5-mal jede 5. M. verdoppeln = 36 M.
7. Rd.: 6-mal jede 6. M. verdoppeln = 42 M.
8. Rd.: zuerst die 3. M. verdoppeln, dann noch 5-mal jede 7. M. verdoppeln = 48 M.
9. Rd.: 6-mal jede 8. M. verdoppeln = 54 M.
10. Rd.: zuerst die 4. M. verdoppeln, dann noch 5-mal jede 9. M. verdoppeln = 60 M.
11. Rd.: 6-mal jede 10. M. verdoppeln = 66 M.
12. Rd.: zuerst die 5. M. verdoppeln, dann noch 5-mal jede 11. M. verdoppeln = 72 M.
13. Rd.: 6-mal jede 12. M. verdoppeln = 78 M.
14. Rd.: zuerst die 6. M. verdoppeln, dann noch 5-mal jede 13. M. verdoppeln = 84 M.
15. Rd.: 6-mal jede 14. M. verdoppeln = 90 M.
16. Rd.: zuerst die 7. M. verdoppeln, dann noch 5-mal jede 15. M. verdoppeln = 96 M.
17. Rd.: 6-mal jede 16. M. verdoppeln = 102 M.
18. Rd.: zuerst die 8. M. verdoppeln, dann noch 5-mal jede 17. M. verdoppeln = 108 M.
19. Rd.: 6-mal jede 18. M. verdoppeln = 114 M.

Bei der letzten Zunahmestelle zwischen den beiden f.M. für den Aufhänger 15 Lm. häkeln und die 20. Rd. anfügen.

20. Rd.: zuerst die 9. M. verdoppeln, dann noch 5-mal jede 19. M. verdoppeln = 120 M.

Nach der 20. Rd. den Lm.-Ring für den Aufhänger mit f.M. dicht umhäkeln.

Aceto di
Miele

Die Ohren lt. Hs. in Hin- und Rück-R. arbeiten. Unterhalb der Linie sind einige M. der 20. Rd. gezeichnet. Für das linke Ohr der Katze an die 22. M. vor dem Aufhänger anketten, Ohr lt. Hs. A arbeiten. Für das rechte Ohr der Katze an die 10. M. nach dem Aufhänger anketten, Ohr lt. Hs. B arbeiten.

Die Augen mit schwarzem Sticktwist und Nadel Nr. 1,75 häkeln. In einen Fadenring (siehe Seite 6) 25 Dstb. häkeln, davon das 1. Dstb. durch 4 Lm. ersetzen, Rd. mit einer Km. schließen. Mit weißem Sticktwist in einen Fadenring 10 h.Stb. arbeiten, davon das 1. h.Stb. durch 2 Lm. ersetzen.

Die Nase mit doppeltem Sticktwistfaden in Schwarz und Nadel Nr. 2,5 arbeiten. 6 Lm. anschlagen, eine f.M. in die 2. Lm. ab Nadel häkeln, in die folgende Lm. 1 h.Stb., in die nächste Lm. 1 Stb., 1 Lm., 1 Dstb., 1 Lm., 1 Stb., in die folgende Lm. 1 h.Stb., in die letzte Lm. 1 f.M. arbeiten. Augen und Nase aufnähen.

Barthaare und Mund lt. Abb. mit schwarzem Sticktwist in Stielstich aufsticken.

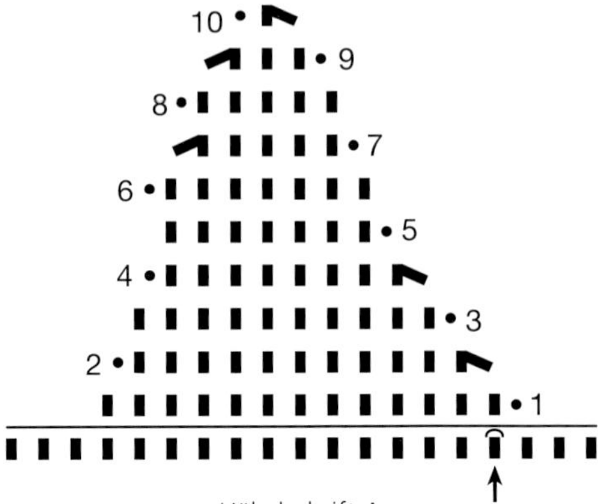

Häkelschrift A

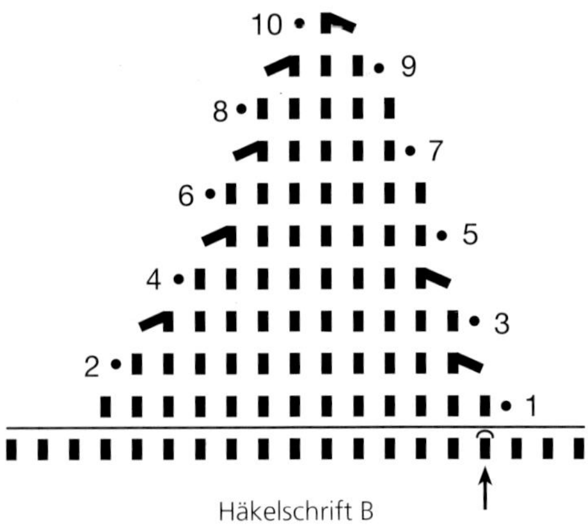

Häkelschrift B

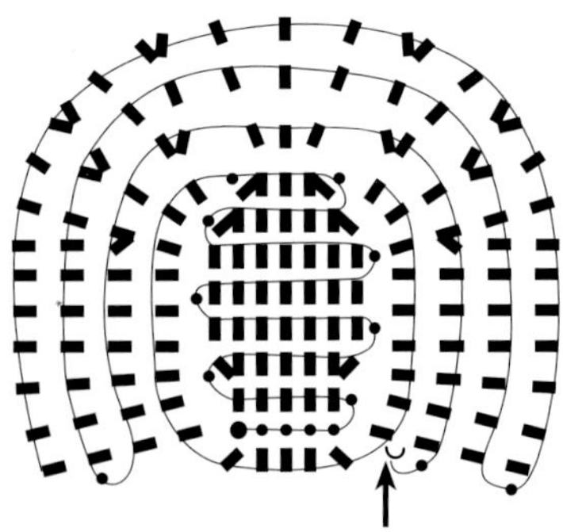

Häkelschrift „Mäuseohr"

Material:

Baumwollhäkelgarn Lyric 8/8 in Grau 591 und Rosa 507 (für ein Topflappenpaar werden 2 Knäuel in Grau und 1 Knäuel in Rosa benötigt), Anchor Sticktwist in Schwarz, alle Garne von Coats; Häkelnadel Nr. 3,5 und 1,75

MAUS

Größe: ca. 20 cm ø
Häkelschriftzeichen auf Seite 7

Grundmuster: siehe Modell Katze

Maschenprobe: 5 Rd. ergeben 5 cm ø.
Ausführung: Den Kopf im Grundmuster arbeiten.

1. Rd.: in einen Fadenring (siehe Seite 6) 2 Lm. + 7 f.M. arbeiten = 8 M.
2. Rd.: 4-mal jede 2. M. verdoppeln = 12 M.
3. Rd.: 6-mal jede 2. M. verdoppeln = 18 M.
4. Rd.: 6-mal jede 3. M. verdoppeln = 24 M.
5. Rd.: 6-mal jede 4. M. verdoppeln = 30 M.
6. Rd.: zuerst die 2. M. verdoppeln, dann noch 5-mal jede 5. M. verdoppeln = 36 M.
7. Rd.: 6-mal jede 6. M. verdoppeln = 42 M.
8. Rd.: zuerst die 3. M. verdoppeln, dann noch 5-mal jede 7. M. verdoppeln = 48 M.
9. Rd.: 6-mal jede 8. M. verdoppeln = 54 M.
10. Rd.: zuerst die 4. M. verdoppeln, dann noch 5-mal jede 9. M. verdoppeln = 60 M.
11. Rd.: 6-mal jede 10. M. verdoppeln = 66 M.
12. Rd.: zuerst die 5. M. verdoppeln, dann noch 5-mal jede 11. M. verdoppeln = 72 M.
13. Rd.: 6-mal jede 12. M. verdoppeln = 78 M.
14. Rd.: zuerst die 6. M. verdoppeln, dann noch 5-mal jede 13. M. verdoppeln = 84 M.
15. Rd.: 6-mal jede 14. M. verdoppeln = 90 M.
16. Rd.: zuerst die 7. M. verdoppeln, dann noch 5-mal jede 15. M. verdoppeln = 96 M.
17. Rd.: 6-mal jede 16. M. verdoppeln = 102 M.
18. Rd.: zuerst die 8. M. verdoppeln, dann noch 5-mal jede 17. M. verdoppeln = 108 M.
19. Rd.: 6-mal jede 18. M. verdoppeln = 114 M.

Bei der letzten Zunahmestelle zwischen den beiden f.M. für den Aufhänger 15 Lm. häkeln und die 20. Rd. anfügen.

20. Rd.: zuerst die 9. M. verdoppeln, dann noch 5-mal jede 19. M. verdoppeln = 120 M.

Nach der 20. Rd. den Lm.-Ring für den Aufhänger mit f.M. dicht umhäkeln.
Die Ohren lt. Hs. arbeiten. Mit Rosa beginnen, dick gezeichneter Punkt = Anfangs-Lm. 6 Lm. anschlagen, die 1. f.M. in die 2. Lm. ab Nadel häkeln. Nach der 7. R. die seitlichen Ränder und den unteren Rand der dünnen Linie folgend umhäkeln. Anschließend mit Grau beim Pfeil neu anketten und noch 3 R. arbeiten. Die Ohren zwischen der 9. und 19. M. unter die letzte Rd. vom Kopf nähen. Die Augen mit schwarzem Sticktwist und Nadel Nr. 1,75 häkeln. In einen Fadenring (siehe Seite 6) 30 dreif. Stb. arbeiten, davon das 1. dreif. Stb. durch 5 Lm. ersetzen. Mit weißem Sticktwist in einen Fadenring 10 h.Stb. arbeiten, davon das 1. h.Stb. durch 2 Lm. ersetzen. Für die Nase mit schwarzem Sticktwist in einen Fadenring 20 Stb. arbeiten, davon das 1. Stb. durch 3 Lm. ersetzen. Augen und Nase aufnähen. Barthaare und Mund lt. Abb. mit schwarzem Sticktwist in Stielstich aufsticken.

Ringelmuster

Material:

Baumwollhäkelgarn Lyric 8/8 in Weiß 500, Gelb 524, Rot 508 und Blau 511 von Coats (für jedes Topflappenpaar werden 1 Knäuel in Weiß und 1 Knäuel in Farbe benötigt); Häkelnadel Nr. 3,5

RINGELMUSTER

Größe: Kreis = 20 cm ø, Quadrat = 19,5 x 19,5 cm, Sechseck = 21 cm ø
Häkelschriftzeichen auf Seite 7

Grundmuster: f.M. in Rd. nach der Streifenfolge arbeiten. Am Anfang jeder Rd. die 1. f.M. durch 2 Lm. ersetzen. Die Rd. jeweils mit einer Km. in die 2. Ersatz-Lm. schließen. Beim Farbwechsel die Km. zum Schließen der Rd. bereits in der folgenden Farbe ausführen. Für die Zunahmen die in der Anleitung angegebene M. verdoppeln, d. h. 2 f.M. in dieselbe M. der Vor-Rd. arbeiten.

Streifenfolge Kreis: 2 Rd. in Weiß, 2 Rd. in Gelb
Streifenfolge Quadrat: 2 Rd. in Weiß, 2 Rd. in Rot
Streifenfolge Sechseck: 2 Rd. in Weiß, 2 Rd. in Blau

Maschenprobe:
Kreis: 5 Rd. ergeben 5 cm ø.
Sechseck: 5,5 Rd. ergeben 5 cm ø.
Quadrat: 5 Rd. ergeben 5 cm ø.

KREIS

Im Grundmuster nach der Streifenfolge arbeiten, mit Weiß beginnen. Die 1.–18. Rd. wie beim Modell Katze beschrieben arbeiten.
19. Rd.: 6-mal jede 18. M. verdoppeln = 114 M. Nach der 19. Rd. für den Aufhänger 20 Lm. häkeln und die 20. Rd. anfügen.
20. Rd.: zuerst die 10. M. verdoppeln, dann noch 5-mal jede 19. M. verdoppeln = 120 M
Nach der 20. Rd. den Lm.-Ring für den Aufhänger mit f.M. dicht umhäkeln.

QUADRAT

Lt. Hs. im Grundmuster nach der Streifenfolge arbeiten, mit Weiß beginnen. In der 1. Rd. in einen Fadenring (siehe Seite 6) 2 Lm., 7 f.M. arbeiten = 8 M. Ab der 2. Rd. die Zunahmen an den Ecken lt. Hs. ausführen. Die Hs. zeigt die ersten 5 Rd. Danach die Zunahmen entsprechend fortsetzen. Nach der 20. Rd. in Rot enden. Für den Aufhänger an einer Ecke neu anketten, 20 Lm. häkeln, dann Nadel aus der Schlinge nehmen, in die Ankettstelle einstechen, Schlinge durchholen und die Lm. mit f.M. dicht umhäkeln.

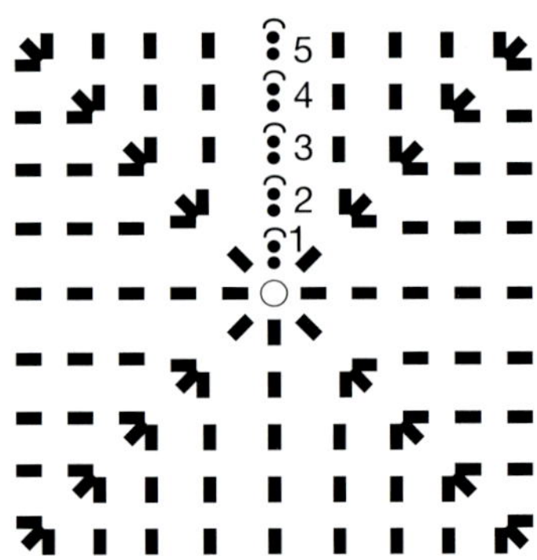

SECHSECK

Im Grundmuster nach der Streifenfolge arbeiten, mit Weiß beginnen.

1. Rd.: In einen Fadenring (siehe Seite 6) 2 Lm + 5 f.M. arbeiten = 6 M.
2. Rd.: 6-mal jede M. verdoppeln = 12 M.
3. Rd.: 6-mal jede 2. M. verdoppeln = 18 M.
4. Rd.: 6-mal jede 3. M. verdoppeln = 24 M.
5. Rd.: 6-mal jede 4. M. verdoppeln = 30 M.
6. Rd.: zuerst die 4. M. verdoppeln, dann noch 5-mal jede 5. M. verdoppeln = 36 M.

Ab der 7. Rd. die Zunahmestellen weiterhin über den Zunahmestellen der Vor-Rd. arbeiten, dabei die Zunahmestellen in den ungeraden Rd. in die hintere M., in den geraden Rd. in die vordere M. der Zunahmestelle arbeiten.

Nach der 24. Rd. (= 144 M.) in Blau enden. Den Aufhänger wie beim Quadrat beschrieben arbeiten.

Sonnenblume

Material:

Baumwollhäkelgarn Lyric 8/8 in Braun 513 und Gelb 524 von Coats (für ein Topflappenpaar werden 1 Knäuel in Braun und 2 Knäuel in Gelb benötigt); Häkelnadel Nr. 3,5

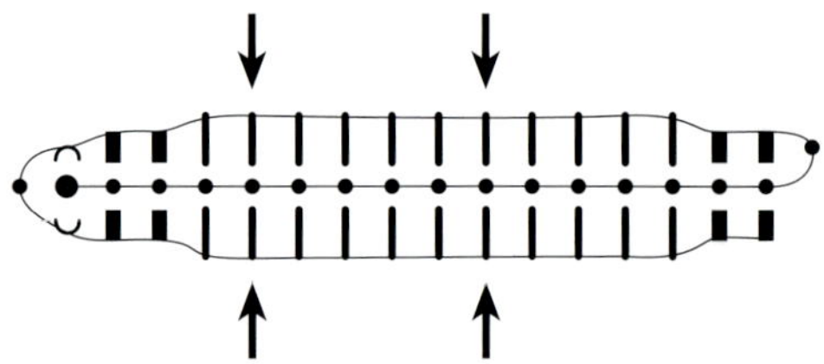

Größe: ca. 22 cm ø
Häkelschriftzeichen auf Seite 7

Ausführung: Für die Blütenmitte einen Kreis in Braun arbeiten.

1. Rd.: in einen Fadenring (siehe Seite 6) 12 f.M. arbeiten.
2. Rd.: 6-mal jede 2. M. verdoppeln = 18 M.
3. Rd.: 6-mal jede 3. M. verdoppeln = 24 M.
4. Rd.: 6-mal jede 4. M. verdoppeln = 30 M.
5. Rd.: zuerst die 3. M. verdoppeln, dann noch 5-mal jede 5. M. verdoppeln = 36 M.
6. Rd.: 6-mal jede 6. M. verdoppeln = 42 M.
7. Rd.: zuerst die 4. M. verdoppeln, dann noch 5-mal jede 7. M. verdoppeln = 48 M.
8. Rd.: 6-mal jede 8. M. verdoppeln, = 54 M. = ca. 8,5 cm ø

Die Blütenblätter in Gelb lt. Hs. arbeiten. 17 Lm. anschlagen, dicker Punkt = Anfangs-Lm. Dann den Lm.-Anschlag beidseitig überhäkeln, dabei die 1. f.M. in die 2. Lm. ab Nadel häkeln. Insgesamt 36 Blätter arbeiten.

Je 18 Blätter zu einem Blätterkranz miteinander verbinden, dafür jeweils 2 Blätter nebeneinander legen und an den unteren 3 M. gegeneinander nähen.

Anschließend die beiden Blätterkränze versetzt übereinander legen und am Innenrand mit Km. zusammenhäkeln, dabei über jedem Blatt 2 Km. arbeiten = 1-mal in der Mitte des Blattes und 1-mal zwischen 2 Blättern einstechen. Die oben liegenden Blätter auf die unten liegenden Blätter nähen, dafür die in der Hs. mit Pfeilen gekennzeichneten M. mit einem kurzen Stich umfassen, d. h. unterhalb der Abmaschglieder ein- bzw. ausstechen und mit diesem Stich das unten liegende Blatt erfassen. Die Blütenmitte mit Vorstichen auf den Blätterkranz nähen, dabei unterhalb der Abmaschglieder ein- und ausstechen.

Blüte

Material:

Baumwollhäkelgarn Lyric 8/8 in Rot 508 und Orange 537 (für ein Topflappenpaar werden 1 Knäuel in Rot und 2 Knäuel in Orange benötigt); Häkelnadel Nr. 3,5

Größe: ca. 23 cm ø

Grundmuster: f.M. in Rd. arbeiten. Am Anfang jeder Rd. die 1. f.M. durch 2 Lm. ersetzen. Die Rd. jeweils mit einer Km. in die 2. Ersatz-Lm. schließen. Beim Farbwechsel die Km. zum Schließen der Rd. bereits in der folgenden Farbe ausführen. Für die Zunahmen die in der Anleitung angegebene M. verdoppeln, d. h. 2 f.M. in dieselbe M. der Vor-Rd. arbeiten.

Streifenfolge: 2 Rd. in Rot, 2 Rd. in Orange

Maschenprobe: 5 Rd. ergeben 5 cm ø.

Ausführung: Die Blütenmitte im Grundmuster nach der Streifenfolge arbeiten, mit Rot beginnen. Die 1.–9. Rd. wie beim Modell Katze beschrieben arbeiten.
10. Rd.: in jede M. der Vor-Rd. eine Km. arbeiten, dabei in das hintere (= halbe) Abmaschglied einstechen.

6 Blütenblätter in Orange wie die Blütenmitte arbeiten, jedoch mit der 8. Rd. enden.
Anschließend die Blütenblätter miteinander verbinden. Dafür an einem Blütenblatt anketten. Die Ankettstelle liegt dem Rd.-Ende gegenüber. Für den Aufhänger 20 Lm. anschlagen, dann 1 Km. in die Ankettstelle arbeiten. Blütenblatt mit 12 Km. überhäkeln. Die Km. in die hinteren (= halben) Abmaschglieder arbeiten. Dann das 2. Blütenblatt unter das 1. Blatt legen, die Nadel durch die hinteren Abmaschglieder beider Blätter führen und eine Schlinge durchholen (= Verbindungsstich), dann das 2. Blatt mit 24 Km. überhäkeln. Beim Verbinden der Teile darauf achten, dass das Rd.-Ende der Blütenblätter zur Mitte zeigt.
Anschließend das 3. Blatt unter das 2. Blatt legen und den Verbindungsstich ausführen. Auf diese Weise alle Blätter miteinander verbinden. Beim Verbinden des letzten Blattes mit dem 1. Blatt am 1. Blatt die 12. M. vor dem Aufhänger auszählen und in dieser M. den Verbindungsstich ausführen. Am Rd.-Ende den Lm.-Ring für den Aufhänger mit f.M. dicht umhäkeln.
Die Blütenblätter am Innenrand mit einem kleinen Stich fixieren, dabei darauf achten, dass die Blätter immer in der gleichen Richtung übereinander liegen. Die Blütenmitte auf die Blütenblätter nähen, dabei unterhalb der Km. ein- und ausstechen.

Schmetterling

Material:

Baumwollhäkelgarn Lyric 8/8 in Gelb 524, Orange 537 und Rot 508 von Coats (für ein Topflappenpaar werden 2 Knäuel in Gelb und je 1 Knäuel in Orange und Rot benötigt); Häkelnadel Nr. 3,5

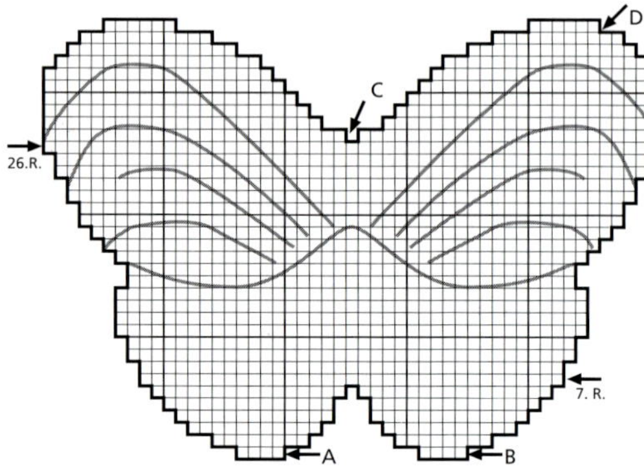

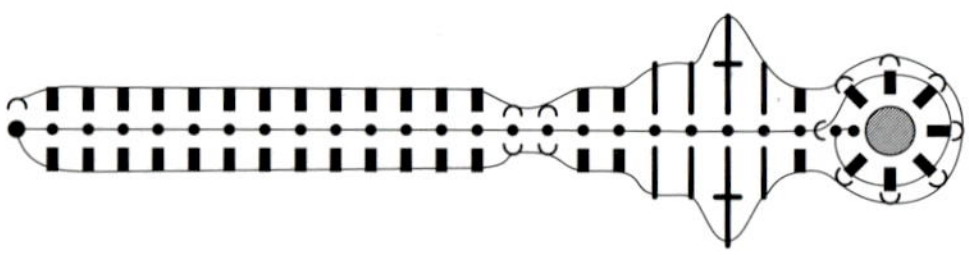

Größe: 25 x 18 cm

Häkelschriftzeichen auf Seite 7

Grundmuster: Lt. Zm. f.M. in Hin- und Rück-R. arbeiten. Arbeiten nach Zm. siehe „Allgemeine Hinweise" auf Seite 6.

Maschenprobe: 10 M. x 10 R. ergeben ca. 5 x 5 cm.

Ausführung: Lt. Zm. im Grundmuster arbeiten. 5 Lm. in Gelb anschlagen, bei Pfeil A beginnen = 4 f.M. in der 1. R. Nach 6 R. das Teil stilllegen. Den rechten Flügel bei Pfeil B beginnen. Mit der 7. R. die beiden Teile miteinander verbinden, dafür zwischen den beiden Teilen 1 f.M. mit Fußschlinge arbeiten, siehe Seite 7. Nach der 26. R. zuerst die rechte Flügelhälfte beenden. Dann bei Pfeil C neu anketten und die linke Hälfte häkeln. Schmetterling mit Km. umhäkeln. In der oberen Mitte beginnen und den linken oberen Flügel überhäkeln, fortlaufend entlang der grau eingezeichneten Trennungslinie zwischen den beiden Flügeln eine Km.-Linie auf den Schmetterlingskörper häkeln. Kettmaschenlinien aufhäkeln, siehe Seite 7. Im Anschluss den rechten oberen Flügel mit Km. überhäkeln. Bei Pfeil D für den Aufhänger 15 Lm. häkeln, Nadel aus der Schlinge nehmen, in die letzte Einstichstelle einstechen, Schlinge durchholen und die Lm. mit f.M. dicht umhäkeln. Die unteren Flügel mit Km. überhäkeln.

Für die Kreise f.M. in Rd. arbeiten, dabei am Anfang jeder Rd. die 1. f.M. durch 2 Lm. ersetzen, Rd. mit einer Km. in die 2. Ersatz-Lm. schließen. Beim Farbwechsel die letzte M. bereits mit der folgenden Farbe abm. Die 1.+2. Rd. in Rot, die 3.+4. Rd. in Orange arbeiten, dabei in der 3. Rd. die f.M. in das hintere (= halbe) Abmaschglied der Vor-Rd. häkeln.

1. Rd.: in einen Fadenring (siehe Seite 6) 2 Lm.+ 11 f.M. arbeiten = 12 M.
2. Rd.: 6-mal jede 2. M. verdoppeln = 18 M.
3. Rd.: 6-mal jede 3. M. verdoppeln = 24 M.
4. Rd.: 6-mal jede 4. M. verdoppeln = 30 M.

Den Schmetterlingskörper lt. Hs. arbeiten. In einen Fadenring 2 Lm. + 7 f.M. arbeiten, dann der dünnen Linie folgend weiterhäkeln.

Körper und Kreise aufnähen. Km.-Linien lt. Foto bzw. Zm. in Orange und Rot aufhäkeln.

Strukturmuster

Material:

Baumwollhäkelgarn Lyric 8/8 in Türkis 557, Grün 512 und Gelbgrün 590 von Coats (für ein Topflappenpaar werden je 2 Knäuel benötigt); Häkelnadel Nr. 3,5

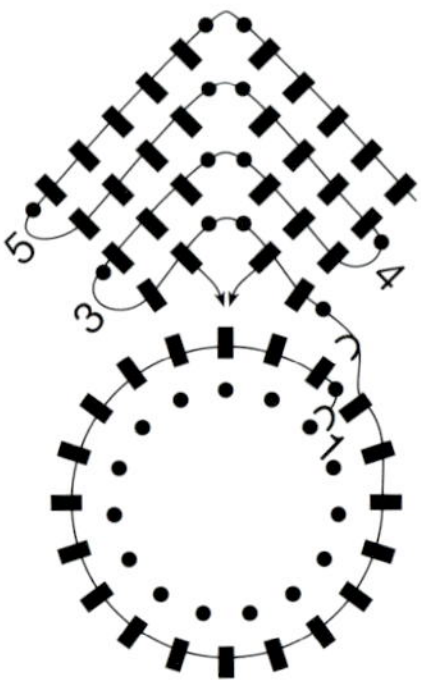

Größe: 20 x 20 cm
Häkelschriftzeichen auf Seite 7

Grundmuster: f.M. in Hin- und Rück-R. häkeln. Am Anfang jeder R. 1 Lm. häkeln und die 1. f.M. jeder R. in die letzte f.M. der Vor-R. arbeiten, siehe auch Hs. auf Seite 6, „Gerade Ränder". Ab der 2. R. die f.M. jeweils in das hintere (= halbe) Abmaschglied der Vor-R. arbeiten.

TOPFLAPPEN, TÜRKIS

Maschenprobe: 12 M. x 8 R. ergeben ca. 5 x 5 cm.

Ausführung: 51 Lm. anschlagen und lt. Hs. arbeiten. Nach der 1. R. die 2. und 3. R. fortlaufend wdh. In 20 cm Höhe für den Aufhänger 20 Lm. häkeln, anketten und den Lm.-Ring mit f.M. dicht umhäkeln.

Topflappen, türkis

TOPFLAPPEN, GRÜN

Maschenprobe: 10 M. x 10 R. ergeben ca. 5 x 5 cm.

Ausführung: Lt. Hs. arbeiten (siehe oben) mit dem Aufhänger beginnen. Dafür 15 Lm. anschlagen, mit einer Km. zur Rd. schließen. Nach einer Lm. den Lm.-Ring mit 20 f.M. umhäkeln. Anschließend in Hin- und Rück-R. weiterarbeiten, dabei in der 2. R. die f.M. mit Pfeil in dieselbe f.M. der 1. Rd. arbeiten. Ab der 3. R. für die Zunahmen 1 f.M., 2 Lm., 1 f.M. um die Lm. der Vor-R. häkeln. Die Hs. zeigt die ersten 5 R., danach im gleichen Rhythmus weiterarbeiten und an der Diagonalen zunehmen. Bei einer Größe von ca. 20 x 20 cm enden.

TOPFLAPPEN, GELBGRÜN

Maschenprobe: 11 M. x 9 R. ergeben ca. 5 x 5 cm.

Ausführung: Für diesen Topflappen werden 4 Quadrate gehäkelt und zusammengenäht. Pro Quadrat 23 Lm. anschlagen und im Grundmuster arbeiten = 22 f.M. pro R. Nach 18 R., bzw. wenn das Teil quadratisch ist, enden. Die 4 Quadrate so aneinander nähen, dass die Rippen jeweils versetzt zueinander verlaufen. Für den Aufhänger an einer Ecke anketten, 20 Lm. häkeln, dann die Nadel aus der Schlinge nehmen, in die Ankettstelle einstechen und die Schlinge durchholen. 1 Lm. häkeln und den Lm.-Ring mit f.M. dicht umhäkeln.

Karos

Material:

Baumwollhäkelgarn Lyric 8/8 in Orange 537, Grün 588, Pink 587 und Blau 510 von Coats (für ein Topflappenpaar wird je 1 Knäuel benötigt); Häkelnadel Nr. 3,5

GROSSE KAROS

Größe: ca. 21 x 21 cm

Grundmuster: f.M. in Hin- und Rück-R. häkeln. Am Anfang jeder R. 1 Lm. häkeln und die 1. f.M. in die letzte f.M. der Vor-R. arbeiten, siehe auch Hs. auf Seite 6 „Gerade Ränder".
Die Farbflächen mit je 1 Knäuel arbeiten. Beim Farbwechsel die Fäden auf der Rückseite verkreuzen und die letzte Masche einer Farbe jeweils mit der folgenden Farbe abmaschen.

Maschenprobe: 9,5 M. x 10,5 R. ergeben 5 x 5 cm.

Ausführung: 20 Lm. in Orange, dann 21 Lm. in Grün anschlagen. Im Grundmuster arbeiten, in der 1. R. 20 f.M. in Grün, 20 f.M. in Orange häkeln. In dieser Farbaufteilung insgesamt 22 R. arbeiten. Danach über die grüne Fläche mit Pink, über die orangefarbene Fläche mit Blau weiterarbeiten. Insgesamt 22. R. häkeln. Für den Aufhänger an der blauen Farbfläche neu anketten, 20 Lm. häkeln und eine Km. in die Ankettstelle arbeiten. Dann den Lm.-Ring mit f.M. dicht umhäkeln.

KLEINE KAROS

Größe: ca. 19,5 x 19,5 cm

Material: siehe links

Grundmuster: siehe Große Karos. Für das Jacquardmuster den unbenutzten Faden jeweils mit dem Arbeitsfaden überhäkeln, beim Farbwechsel die letzte M. einer Farbe jeweils mit der folgenden Farbe abm.

Streifenfolge: 1.–4. R.: abwechselnd 5 M. in Grün, 5 M. in Orange arbeiten
5.–8. R.: abwechselnd 5 M. in Pink, 5 M. in Blau arbeiten
Die 1.–8. R. fortlaufend wdh.

Maschenprobe: 10 M. x 10 R. ergeben 5 x 5 cm.

Ausführung: 41 Lm. in Grün anschlagen. Dann im Jacquardmuster nach der Streifenfolge arbeiten. Nach 36 R. für den Aufhänger 20 Lm. häkeln, Nadel aus der Schlinge nehmen, von der Vorderseite aus in den Eckpunkt einstechen, Schlinge durchholen und den Lm.-Ring mit f.M. dicht umhäkeln, danach die obere Kante mit Km. überhäkeln.

Hier kocht der Chef

Material:

Baumwollhäkelgarn Lyric 8/4 in Weiß 500 und Schwarz 501 (für ein Topflappenpaar wird je 1 Knäuel benötigt), Rest Anchor Sticktwist in Rot, alle Garne von Coats; Häkelnadel Nr. 2,5

Größe: ca. 20 x 20 cm

Grundmuster: f.M. in Hin- und Rück-R. häkeln. Am Anfang jeder R. 1 Lm. häkeln und die 1. f.M. in die letzte f.M. der Vor-R. arbeiten, siehe auch Hs. auf Seite 6 „Gerade Ränder".

Den Rand im Jacquardmuster häkeln, dafür abwechselnd 2 M. in Schwarz, 2 M. in Weiß arbeiten, dabei jeweils den unbenutzten Faden mit dem Arbeitsfaden überhäkeln und beim Farbwechsel die letzte M. einer Farbe mit der folgenden Farbe abm. Nach je 2 R. die Farben versetzen.

Maschenprobe: 13 M. x 15 R. ergeben 5 x 5 cm.

Ausführung: 55 Lm. in Schwarz anschlagen. Im Jacquardmuster arbeiten = 54 f.M. pro R. Nach den ersten 6 R. mit 2 Knäueln in Weiß und 1 Knäuel in Schwarz arbeiten, über je 6 M. an den Rändern im Jacquardmuster, die 42 M. dazwischen einfarbig schwarz im Grundmuster häkeln.

Bevor für den oberen Rand die 1. durchgehende R. im Jacquardmuster gearbeitet wird, die Höhe überprüfen. Die R.-Anzahl kann nur um je 4 R. verändert werden, damit an den Ecken ein schwarzes Karo liegt. Nach der letzten R. die obere Kante mit Schwarz mit Km. überhäkeln, dabei in Seitenmitte für den Aufhänger 20 Lm. anschlagen, Nadel aus der Schlinge nehmen, in die letzte Einstichstelle einstechen, Schlinge durchholen und den Lm.-Ring mit f.M. dicht umhäkeln.

Kochmütze: Für das untere Teil 21 Lm. in Weiß anschlagen und im Grundmuster arbeiten = 20 f.M. pro R. Insgesamt 11 R. häkeln. Teil lt. Zm. A mit dem Schriftzug besticken. Sticktwist ganzfädig verwenden.

Das obere Teil lt. Zm. B arbeiten. 21 Lm. anschlagen, beim Pfeil beginnen. Die grau getönten M. in die M. der vorletzten R. arbeiten, dabei den Arbeitsfaden fest anziehen. Für den oberen Rand zu- bzw. abnehmen.

Kochmütze laut Foto auf die Innenfläche nähen.

Zählmuster A

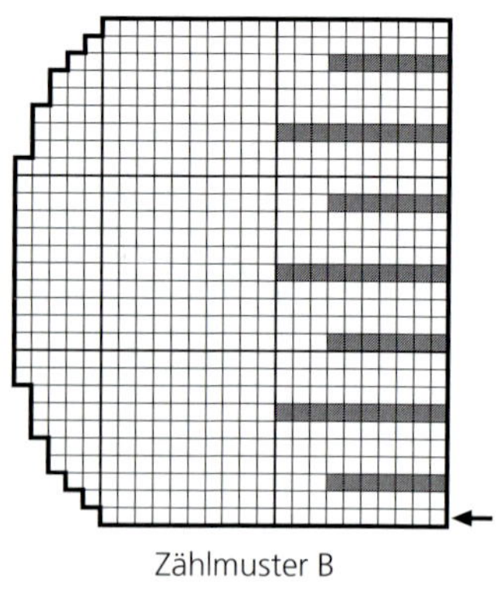
Zählmuster B

HIER KOCHT
DER CHEF

Italien

Material:

Baumwollhäkelgarn Lyric 8/8 in Weiß 500, Grün 512 und Rot 508 (für ein Topflappenpaar wird je 1 Knäuel benötigt), Rest Baumwollhäkelgarn Rot-Tulpe in Rot 4093 und Grün 4086, alle Garne von Coats; Häkelnadeln Nr. 3,5 und 1,75

FLAGGE

Größe: ca. 20 x 20 cm
Häkelschriftzeichen auf Seite 7

Grundmuster: f.M. in Hin- und Rück-R. häkeln. Am Anfang jeder R. 1 Lm. häkeln und die 1. f.M. in die letzte f.M. der Vor-R. arbeiten, siehe auch Hs. auf Seite 6 „Gerade Ränder".

Maschenprobe: 10 M. x 11 R. ergeben ca. 5 x 5 cm.

Streifenfolge: 15 R. in Rot, 15 R. in Weiß, 15 R. in Grün. Beim Farbwechsel die letzte M. bereits mit der folgenden Farbe abm.

Ausführung: Den Topflappen mit Lyric 8/8 und Nadel Nr. 3,5 arbeiten. 41 Lm. in Rot anschlagen und im Grundmuster nach der Streifenfolge arbeiten = 40 f.M. pro R. Für den Aufhänger an einer Ecke mit Rot anketten, dabei liegt die grüne Fläche auf der linken Seite, 20 Lm. häkeln, Nadel aus der Schlinge nehmen, in die Ankettstelle einstechen und die Schlinge durchholen. Dann 1 Lm. häkeln und den Lm.-Ring mit f.M. dicht umhäkeln.

Drei Tomaten mit Rot-Tulpe und Nadelstärke Nr. 1,75 arbeiten. 8 Lm. in Rot anschlagen und lt. Hs. A arbeiten. Nach der letzten R. die Tomaten mit Km. umhäkeln.

Die Blättchen in Grün lt. Hs. B arbeiten, dick gezeichneter Punkt = Anfangs-Lm. Für das 1. Blättchen 6 Lm. anschlagen, die 1. f.M. in die 2. Lm. ab Nadel häkeln. Der dünnen Linie folgend weiterarbeiten, dabei die Km. jeweils in die letzte f.M. des zuvor gehäkelten Blättchens arbeiten, dabei das vordere Abmaschglied und den schräg darunter liegenden Maschendraht von oben nach unten erfassen.

Die Blättchen laut Foto auf die Tomaten nähen. Nur die unteren beiden Blättchen festnähen. Die Tomaten auf den weißen Streifen nähen.

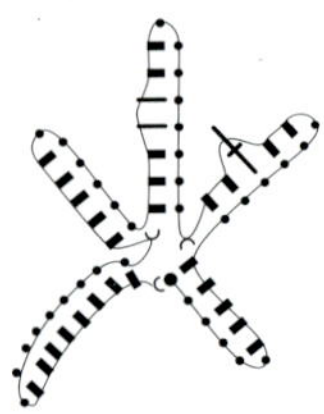

Häkelschrift B

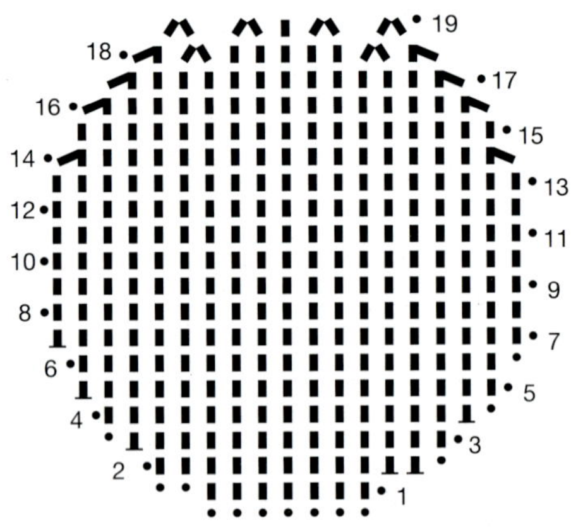

Häkelschrift A

Italien

Material:

Baumwollhäkelgarn Lyric 8/8 in Rot 508 und Lyric 8/4 in Grün 512 (für ein Topflappenpaar werden 2 Knäuel in Rot und 1 Knäuel in Grün benötigt); Häkelnadeln Nr. 3,5 und 2,5

TOMATE

Größe: 20 x 18 cm
Häkelschriftzeichen auf Seite 7

Grundmuster: Lt. Zm. f.M. in Hin- und Rück-R. arbeiten. Arbeiten nach Zm. siehe „Allgemeine Hinweise" auf Seite 6.

Maschenprobe: 10,5 M. x 11 R. ergeben ca. 5 x 5 cm.

Ausführung: 15 Lm. in Rot anschlagen. Lt. Zm. im Grundmuster arbeiten, bei Pfeil A beginnen, in der 1. R. die 1. f.M. in die 2. Lm. ab Nadel häkeln. Nach der 38. R. bei Pfeil B neu anketten und noch 2 R. häkeln. Im Anschluss an die letzte R. die Tomate mit Km. überhäkeln.
Für den Aufhänger an der im Zählmuster mit Pfeil C gekennzeichneten M. anketten, 10 Lm. häkeln, Nadel aus der Schlinge nehmen, bei Pfeil D einstechen, Schlinge durchholen, dann 1 Lm. häkeln und die Lm. mit f.M. dicht umhäkeln.
Die Blättchen lt. Hs. in Grün mit Nadelstärke Nr. 2,5 arbeiten, bei Pfeil A beginnen. 10 Lm. anschlagen, weiter die Blättchen der dünnen Linie folgend

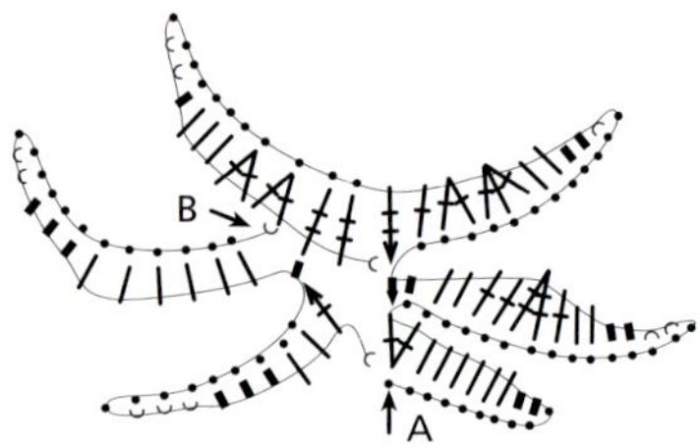

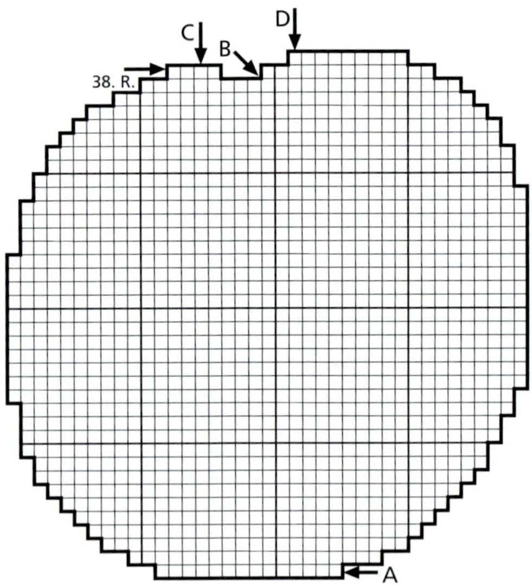

nacheinander arbeiten. Die M. mit Pfeil in die M. arbeiten, auf die der Pfeil zeigt, dabei von oben das vordere Abmaschglied und den darunter liegenden Maschendraht erfassen. Nach dem 4. Blättchen zwischen dem 2. und 3. Blättchen anketten, Faden abschneiden. Dann bei Pfeil B neu anketten und noch 2 Blättchen arbeiten. Für die letzte Km. die Nadel aus der Schlinge nehmen, von oben in die Anfangs-Lm. einstechen, Schlinge durchholen. Anschließend für den Stiel aus der Öffnung heraus 6 f.M. häkeln, dann f.M. in Spiral-Rd. 6 cm hoch arbeiten. Blättchen etwas vom oberen Rand entfernt aufnähen.

Asien

Material:

Baumwollhäkelgarn Lyric 8/8 in Weiß 500 und Schwarz 501 von Coats (für ein Topflappenpaar werden 2 Knäuel in Weiß und 1 Knäuel in Schwarz benötigt); Häkelnadel Nr. 3,5

Größe: ca. 20 x 20 cm

Grundmuster: Lt. Zm. f.M. in Hin- und Rück-R. arbeiten. Arbeiten nach Zm. siehe „Allgemeine Hinweise" auf Seite 6. Die Farbflächen mit mehreren Knäueln arbeiten. Beim Farbwechsel die Fäden auf der Rückseite verkreuzen und die letzte M. einer Farbe jeweils mit der folgenden Farbe abm. Innerhalb des Zeichens den jeweils andersfarbigen Faden mitführen, d. h. mit der 2. Farbe überhäkeln. Farbverteilung: 1 = weiß, 2 = schwarz

Maschenprobe: 10 M. x 11 R. ergeben 5 x 5 cm.

Ausführung: 41 Lm. in Weiß anschlagen. Dann im Grundmuster nach dem Zm. arbeiten, beim Pfeil beginnen = 40 f.M. pro R. Am Ende der letzten R. für den Aufhänger 20 Lm. häkeln und eine Km. in die letzte M. der Vor-R. arbeiten. 1 Lm. häkeln, Teil wenden und den Lm.-Ring mit f.M. dicht umhäkeln.

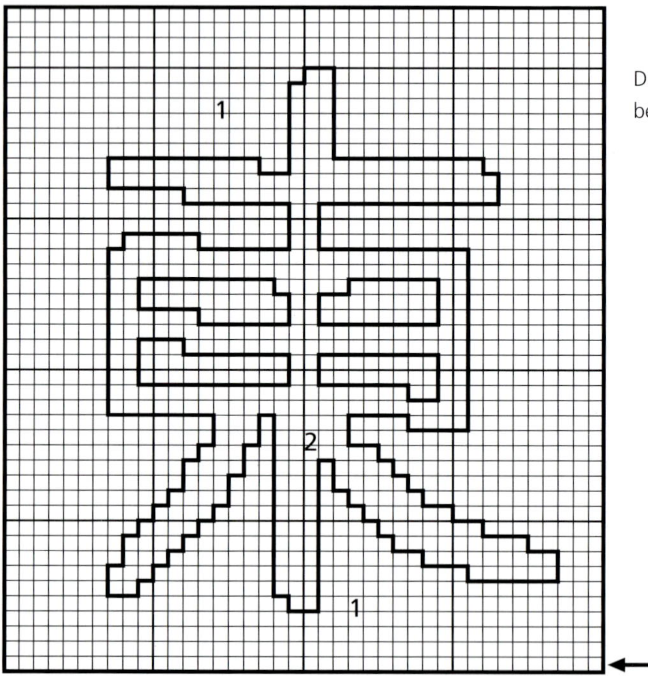

Das Schriftzeichen bedeutet „Osten".

東

Topflappen-handschuh

Material:

Baumwollhäkelgarn Lyric 8/8 in Blau 555 und Weiß 500 von Coats (für ein Topflappenpaar wird je 1 Knäuel benötigt); Häkelnadel Nr. 3,5

Größe: 22 x 17,5 cm

Grundmuster: Lt. Zm. f.M. in Hin- und Rück-R. arbeiten. Arbeiten nach Zm. siehe „Allgemeine Hinweise" auf Seite 6.
Farbverteilung: 1 = blau, 2 = weiß

Maschenprobe: 10 M. x 12 R. ergeben ca. 5 x 5 cm.

Ausführung: Für die Vorderseite 23 Lm. in Blau anschlagen. Lt. Zm. im Grundmuster arbeiten, bei Pfeil A beginnen. Ab der 31. R. zunächst die Handfläche arbeiten. Dann bei Pfeil B neu anketten und für den Daumen noch 10 R. anfügen. Die Rückseite ebenso arbeiten.
Anschließend Vorder- und Rückseite mit Km. dicht am Rand entlang überhäkeln, dabei darauf achten, dass bei beiden Teilen mit der gleichen M.-Anzahl überhäkelt wird. Dann beide Teile passgenau übereinander legen und mit Km. zusammenhäkeln, dabei jeweils die außen liegenden Abmaschglieder beider Teile erfassen.
Für den Aufhänger am Außenrand anketten, 20 Lm. häkeln, Nadel aus der Schlinge nehmen, in die Ankettstelle einstechen, Schlinge durchholen und die Lm. mit f.M. dicht umhäkeln.

Tipp: Das Zusammenhäkeln evtl. mit einer dünneren Häkelnadel = Nadel Nr. 3,0 ausführen. Damit lassen sich die Abmaschglieder leichter erfassen.

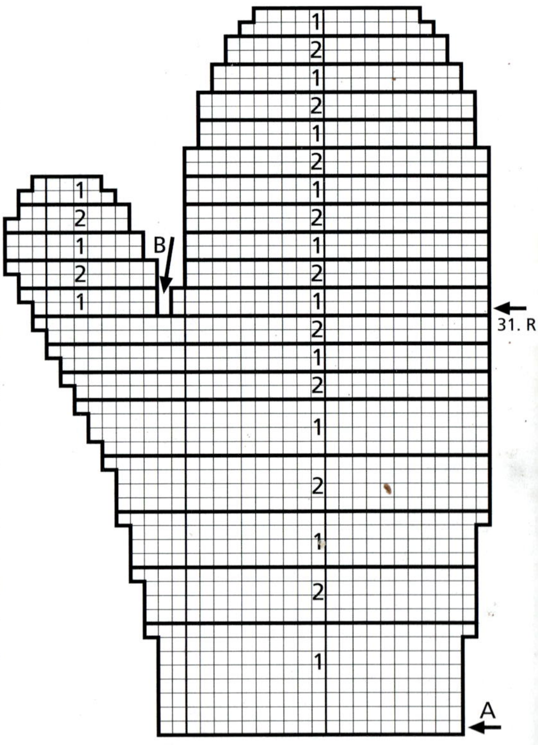

Tänzer

Material:

Baumwollhäkelgarn Lyric 8/8 in Weiß 500, Schwarz 501, Gelb 524*, Orange 537*, Rot 508* und Grün 512* (für ein Topflappenpaar wird je 1 Knäuel benötigt; für die mit * gekennzeichneten Farben können auch Garnreste in passender Stärke verwendet werden, sie werden nur zum Besticken und Umhäkeln der Randbordüre benötigt). Für die Figur 1 Knäuel Lyric 8/4 in Grün 512 und Schwarz 501, Lauflänge = 150 m/50 g (auch hierfür können Garnreste in passender Stärke verwendet werden), alle Garne von Coats; Häkelnadeln Nr. 3,5 und 2,5

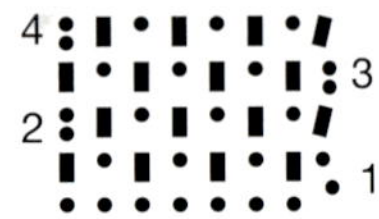

Häkelschrift A

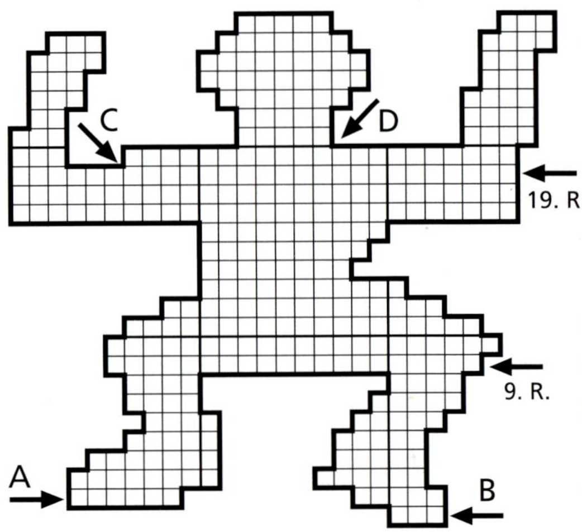

Größe: ca. 20,5 x 20,5 cm
Häkelschriftzeichen auf Seite 7

Grundmuster: siehe Hs. A. Nach der 1. R. die 2. und 3. R. fortlaufend wdh.

Maschenprobe: 11 M. x 10 R. ergeben ca. 5 x 5 cm.

Ausführung: Die Innenfläche und die Umrandung mit Lyric 8/8 und Nadel Nr. 3,5 arbeiten. Für die Innenfläche 35 Lm. in Weiß anschlagen und lt. Hs. A arbeiten, dabei in der 1. R. die 1. f.M. in die 3. Lm. ab Nadel häkeln. Nach der 28. R. enden. Danach die Innenfläche mit einer Rd. f.M. in Weiß umhäkeln, dabei am oberen und unteren Rand 4-mal jede 6. und 7. M. zus. abm., d. h. aus 2 nebeneinander liegenden M. je 1 Schlinge durchholen und mit einem Umschlag alle auf der Nadel liegenden Schlingen abm. An den seitlichen Rändern in jede R. 1 f.M. arbeiten. Nach dieser Rd. liegen 28 f.M. zwischen den Eck-M.

Anschließend die Umrandung lt. Hs. B in Schwarz arbeiten. Hs. B zeigt unterhalb der Linie die letzte Rd. der Innenfläche. An einer Seite bei Pfeil A anketten, bis Pfeil B arbeiten, dann die Ecke zwischen den Pfeilen B und C häkeln. Rd. ergänzen, dabei zwischen den Ecken fortlaufend f.M. arbeiten.

Nach der 5. Rd. den Topflappen mit f.M. in den Farben Gelb, Orange, Rot und Grün überhäkeln, für jede Seite eine andere Farbe verwenden, die 1. und letzte f.M. jeweils um die Eck-Lm. arbeiten. Für den Aufhänger an einer Ecke anketten, 20 Lm. häkeln, in die Ankettstelle einstechen, Schlinge durchholen, die Lm. mit f.M. dicht umhäkeln, dann die folgende Seite mit f.M. umhäkeln.

Die Umrandung mit Zickzackstichen über je 2 Rd. besticken, von der Mitte ausgehen, jeden Stich über 2 M. in der Breite ausführen. Farbverteilung siehe Abb.

Die Figur mit Lyric 8/4 in Grün mit Häkelnadel Nr. 2,5 lt. Zm. auf Seite 34 arbeiten. Arbeiten nach Zm. siehe „Allgemeine Hinweise" auf Seite 6.

Das 1. Bein bei Pfeil A beginnen. 7 Lm. anschlagen = 6 f.M. Nach 7. R. das Teil stilllegen. Das 2. Bein bei Pfeil B beginnen. 4 Lm. anschlagen = 3 f.M. Mit der 9. R. die beiden Teile miteinander verbinden, dafür 10 f.M. mit Fußschlinge arbeiten, siehe „Allgemeine Hinweise" auf Seite 7, und über die gesamte Breite weiterhäkeln. Nach der 19. R. den 1. Arm beenden. Dann bei Pfeil C neu anketten und nach der 20. R. den 2. Arm beenden. Für den Kopf bei Pfeil D neu anketten und noch 7 R. häkeln.

Zuletzt die Figur mit einer Rd. f.M. in Schwarz umhäkeln. Die Figur auf die Innenfläche nähen.

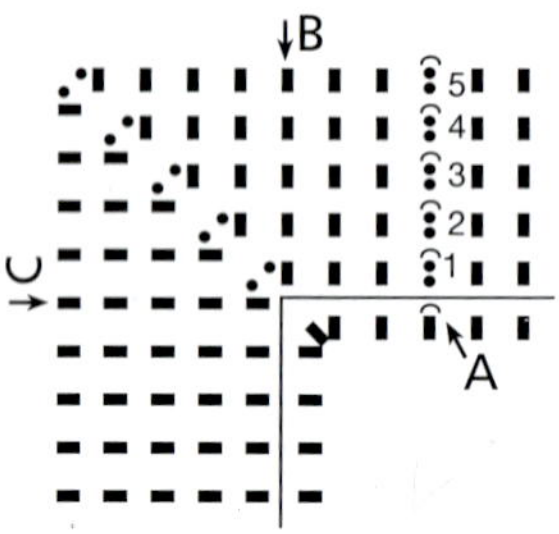

Häkelschrift B

Geburtstagstorte

Material:

Baumwollhäkelgarn Lyric 8/8 in Weiß 500 (für ein Topflappenpaar werden 2–3 Knäuel benötigt), Baumwollhäkelgarn Blau-Tulpe in Rot 4093, Anchor Sticktwist in Gelb und zwei unterschiedlichen Rosatönen, alle Garne von Coats; Häkelnadeln Nr. 3,5, 2,5 und 1,75

Größe: 24 x 18 cm
Zählmuster und Häkelschriften A – C auf Seite 38
Häkelschriftzeichen auf Seite 7

Grundmuster: Lt. Zm. f.M. in Hin- und Rück-R. arbeiten. Arbeiten nach Zm. siehe „Allgemeine Hinweise" auf Seite 6.

Maschenprobe: 10 M. x 11 R. ergeben ca. 5 x 5 cm.

Ausführung: 27 Lm. anschlagen. Lt. Zm. im Grundmuster arbeiten, bei Pfeil A beginnen. Nach der 13. R. die grau getönte Fläche (= im Zm. links) lt. Hs. A arbeiten, dabei werden nur die f.M. mit Pfeil in die M. der 13. R. gearbeitet. Die restlichen 3 M. (zwischen senkrechter durchgezogener Linie und gestrichelter Linie) werden später vom Tortenteil verdeckt. Die grau getönte Fläche (= im Zm. rechts) lt. Hs. B arbeiten, dafür 4 Lm. anschlagen, dick gezeichneter Punkt = Anfangs-Lm. Die ersten 3 f.M. in die Lm. arbeiten, die f.M. mit Pfeil in die M. der 13. R. häkeln. Anschließend auf der Rückseite bei Pfeil B neu anketten, 1 Lm. häkeln, dann bis Pfeil C 36 f.M. arbeiten, dabei wird die 1. f.M. in dieselbe M. gearbeitet wie die Km. Gerade hoch arbeiten. Nach der 25. R. die getönten Flächen wie zuvor beschrieben arbeiten, dann über die 24 f.M. zwischen den Pfeilen D und E gerade hoch arbeiten und das Teil lt. Zm. beenden. Die obere und untere Kante sowie die seitlichen geraden Kanten mit Km. überhäkeln, außerdem zwischen den seitlichen Kanten eine Verbindungs-Linie mit Km.-Linien aufhäkeln. Km.-Linien aufhäkeln siehe „Allgemeine Hinweise" auf Seite 7. Die Rundungen für die Tortenstufen nicht überhäkeln.

Dekoration: Zur Betonung der Stufen mit doppeltem Sticktwistfaden in Rosa und Nadel Nr. 2,5 Pikotbändchen arbeiten. Für das untere Bändchen zuerst 10 Lm., dann fortlaufend Pikots häkeln, d. h. * 3 Lm. häkeln, dann 1 f.M. in die 1. der 3 Lm. arbeiten, ab * fortlaufend wdh. Nach ca. 26 Pikots noch 10 Lm. häkeln. Die exakte Anzahl der Pikots festlegen, indem man das Bändchen auf das Häkelteil legt, dabei liegen die Lm. auf den Abnahmen am Rand, das Pikotbändchen wird in einer geschwungenen Linie von Ecke zu Ecke gelegt. Für das mittlere Bändchen 10 Lm. + ca. 22 Pikots häkeln. Für das obere Bändchen ca. 30 Lm. und 14 Pikots häkeln. Bändchen lt. Abb. aufnähen.
Kerzen lt. Hs. C mit Blau-Tulpe in Rot und Nadel Nr. 2,5 arbeiten. 9 Lm. anschlagen und den Lm.-Anschlag beidseitig überhäkeln. Für die große Kerze 12 Lm. anschlagen und in Hin- und Rück-R. f.M. arbeiten.

Insgesamt 5 R. häkeln. Dann mit doppeltem Sticktwistfaden in Gelb in Kerzenmitte anketten, 15 Lm. häkeln, Nadel aus der Schlinge nehmen, in die Ankettstelle einstechen und Schlinge durchholen. 1 Lm. häkeln, dann den Lm.-Ring mit f.M. dicht umhäkeln. Kerzen lt. Abb. aufnähen, bei den kleinen Kerzen für die Flamme einen Margeritenstich sticken.

Für die Rosetten in einen Fadenring (siehe Seite 6) 18 Stb. häkeln, davon das 1. Stb. durch 3 Lm. ersetzen. In der 2. Rd. in jede M. 1 f.M. in das hintere (= halbe) Abmaschglied der Vor-R. arbeiten. Rosetten aufnähen. In der Mitte einen Knötchenstich in Rot arbeiten.
Schriftzug lt. Zm. mit rotem Garn aufsticken.

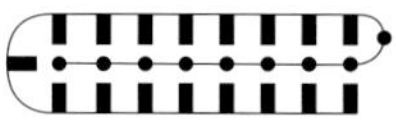

Häkelschrift C

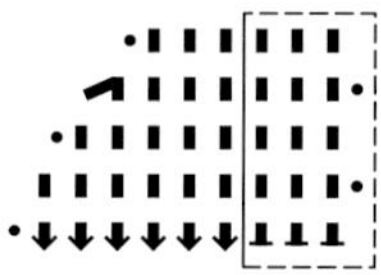

Häkelschrift A

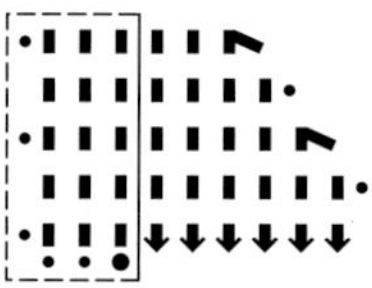

Häkelschrift B

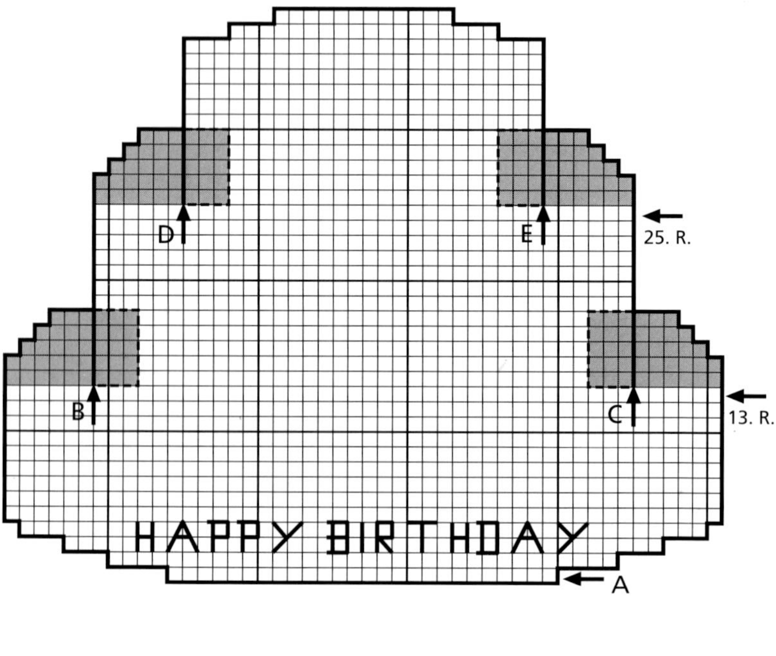

HAPPY BIRTHDAY

Unterwegs

Material:

Baumwollhäkelgarn Lyric 8/8 in Rot 508, Hellblau 509, Schwarz 501 und Grau 591 (für ein Topflappenpaar wird je 1 Knäuel benötigt). Rest Baumwollhäkelgarn Rot-Tulpe in Ecru 4069, Rest Anchor Sticktwist in Weiß und Schwarz, alle Garne von Coats; Häkelnadeln Nr. 3,5 und 1,75

VW-KÄFER

Größe: 20 x 16 cm (ohne Räder)
Häkelschriftzeichen auf Seite 7

Grundmuster: Lt. Zm. f.M. in Hin- und Rück-R. arbeiten. Arbeiten nach Zm. siehe „Allgemeine Hinweise" auf Seite 6.
Farbverteilung: 1 = rot, 2 = hellblau

Maschenprobe: 10 M. x 11 R. ergeben ca. 5 x 5 cm.

Ausführung: Den Käfer lt. Zm. A im Grundmuster arbeiten. 37 Lm. in Rot anschlagen, bei Pfeil A beginnen. Ab der 19. R. die Farbflächen mit mehreren Knäueln arbeiten. Beim Farbwechsel die Fäden auf der Rückseite miteinander verkreuzen und die letzte M. einer Farbe bereits mit der folgenden Farbe abm. Die seitlichen Ränder und den oberen Rand des Käfers mit f.M. umhäkeln.
Für den Aufhänger bei Pfeil B neu anketten, 8 Lm. häkeln, dann die Nadel aus der Schlinge nehmen, bei Pfeil C Schlinge durchholen, 1 Lm. häkeln, dann die Lm. mit f.M. dicht umhäkeln.

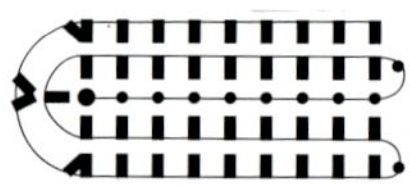

Häkelschrift A

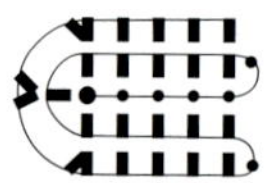

Häkelschrift B

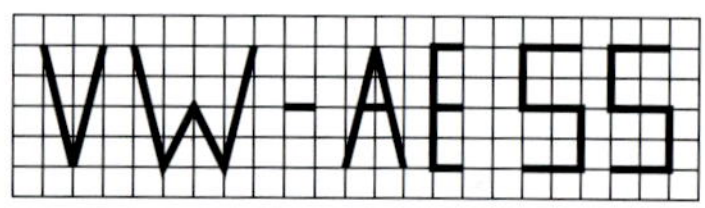

Zählmuster C

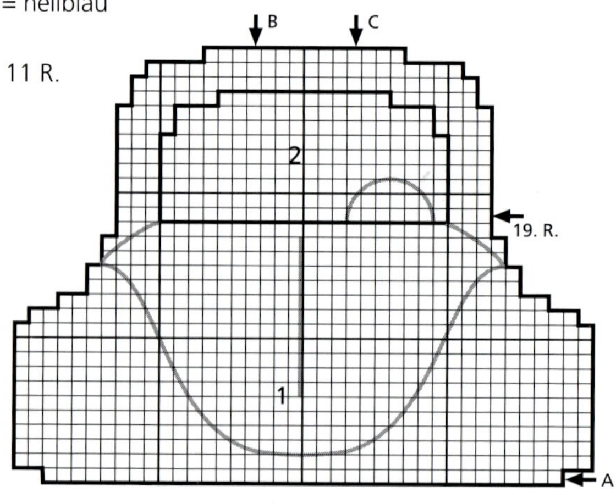

Zählmuster A

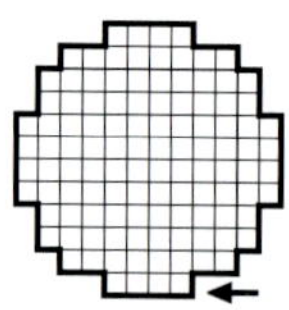

Zählmuster B

VW-AE 55

Für die Stoßstange 43 Lm. in Grau anschlagen und in Hin- und Rück-R. f.M. arbeiten = 42 M. Für die 2. R. mit einer Lm. wenden und die 1. f.M. in die 2. M. der Vor-R. arbeiten, in die letzte f.M. der Vor-R. 1 Km. arbeiten. Für die Puffer 7 Lm. in Grau anschlagen und 1 R. (= 6 f.M.) arbeiten.

Die Reifen in Schwarz häkeln. Die Vorderreifen lt. Hs. A, die Hinterreifen lt. Hs. B arbeiten, dick gezeichneter Punkt = Anfangs-Lm. In der 2. R. die f.M. in die vorderen (= halben) Abmaschglieder der Vor.-R. häkeln.

Das Nummernschild mit weißem Sticktwist und Nadel Nr. 1,75 arbeiten. 24 Lm. anschlagen, in Hin- und Rück-R. f.M. arbeiten = 23 f.M. pro R. Insgesamt 6 R. arbeiten.

Die Scheinwerfer mit Rot-Tulpe in Ecru und Nadelstärke Nr. 1,75 lt. Zm. B arbeiten, beim Pfeil beginnen, 5 Lm. anschlagen = 4 f.M. in der 1. R.

Fertigstellung: Die Motorhaube mit einer Km.-Linie in Schwarz betonen. Kettmaschenlinien aufhäkeln siehe „Allgemeine Hinweise" auf Seite 7.

In der Mitte eine senkrechte Linie in Grau aufhäkeln. Am Ende den Faden nicht zu kurz abschneiden und auf die Vorderseite ziehen. Dann für den Griff noch 4 Lm. häkeln. Den Griff so annähen, dass er etwas vom Häkelteil absteht. Das Fenster seitlich und oben mit einer roten Km-Linie betonen, zuletzt die Linie unterhalb des Fensters aufhäkeln, diese Linie am Rand beginnen und beenden, siehe auch Zm.

Die Scheinwerfer aufnähen. Für das Lenkrad mit schwarzem Häkelgarn eine Kettmaschenlinie aufhäkeln. Die Stoßstange so aufnähen, dass die untere Reihe des Käfers verdeckt wird. Vorder- und Hinterreifen aufeinander nähen und unterhalb der Stoßstange festnähen. Das Nummernschild lt. Zm. C mit schwarzem Sticktwist besticken und auf die Stoßstange nähen. Die Puffer seitlich vom Nummernschild festnähen.

Material:

Baumwollhäkelgarn Lyric 8/8 in Blau 555, Weiß 500 und Rot 508 von Coats (für ein Topflappenpaar werden 2 Knäuel in Blau und je 1 Knäuel in Weiß und Rot benötigt); Häkelnadel Nr. 3,5

VERKEHRSSCHILD

Größe: ca. 20,5 x 20,5 cm

Grundmuster: Lt. Zm. f.M. in Hin- und Rück-R. arbeiten. Arbeiten nach Zm. siehe „Allgemeine Hinweise" auf Seite 6. Die Farbflächen mit mehreren Knäueln häkeln. Beim Farbwechsel die Fäden auf der Rückseite verkreuzen und die letzte M. einer Farbe jeweils mit der folgenden Farbe abm. Farbverteilung: 1 = blau, 2 = weiß, 3 = rot

Maschenprobe: 10 M. x 11 R. ergeben 5 x 5 cm.

Ausführung: 42 Lm. in Blau anschlagen. Dann im Grundmuster nach dem Zm. arbeiten, beim Pfeil beginnen = 41 f.M. pro R. Am Ende der letzten R. für den Aufhänger 20 Lm. häkeln und eine Km. in die letzte M. der Vor-R. arbeiten. Dann 1 Lm. häkeln, Teil wenden und den Lm.-Ring mit f.M. dicht umhäkeln.

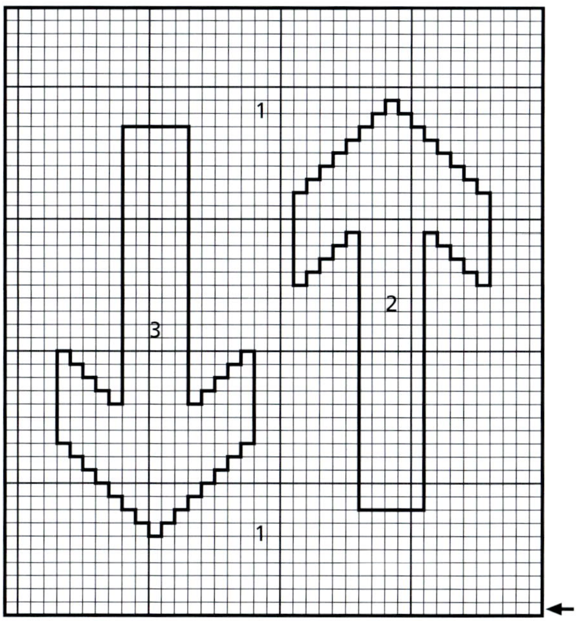

Herz

Material:

Baumwollhäkelgarn Lyric 8/8 in Brombeer 526, Hellgelb 506 und Hellblau 509 von Coats (für ein Topflappenpaar wird je 1 Knäuel benötigt); Häkelnadel Nr. 3,5

Größe: ca. 20,5 x 20,5 cm

Grundmuster: Lt. Zm. f.M. in Hin- und Rück-R. häkeln. Arbeiten lt. Zm. siehe „Allgemeine Hinweise" auf Seite 6. Die Farbflächen mit mehreren Knäueln arbeiten. Beim Farbwechsel die Fäden auf der Rückseite verkreuzen und die letzte M. einer Farbe jeweils mit der folgenden Farbe abm.

Farbverteilung: 1 = brombeer, 2 = hellgelb, 3 = hellblau

Maschenprobe: 10 M. x 11 R. ergeben 5 x 5 cm.

Ausführung: 42 Lm. in Brombeer anschlagen. Dann im Grundmuster lt. Zm. arbeiten, beim Pfeil beginnen = 41 f.M. pro R. Am Ende der letzten R. für den Aufhänger 20 Lm. häkeln und 1 Km. in die letzte M. der Vor-R. arbeiten. Dann 1 Lm. häkeln, Teil wenden und den Lm.-Ring mit f.M. dicht umhäkeln. Den Außenrand mit einer Km.-Linie in Hellblau überhäkeln, ebenso entlang der gelben Fläche und darüber hinaus bis zum Rand. Km.-Linien aufhäkeln siehe „Allgemeine Hinweise" auf Seite 7.

Für die Herzumrandung ein Bändchen in Brombeer häkeln. Dafür fortlaufend Pikots arbeiten, d. h. * 3 Lm. häkeln, dann 1 f.M. in die 1. der 3 Lm. arbeiten, ab * fortlaufend wdh. Nach ca. 14 Pikots für die Herzmitte 3 Lm. häkeln, dann wieder 14 Pikots arbeiten. Die Anzahl der Pikots festlegen, indem man das Bändchen an der Herzkontur anlegt. Bändchen aufnähen.

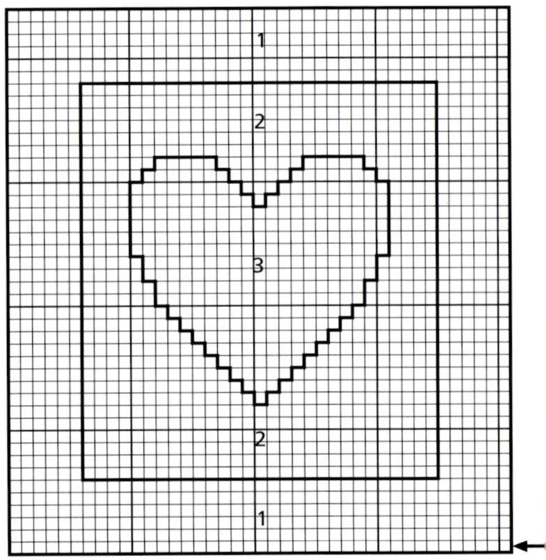

Glücksschwein

Material:

Baumwollhäkelgarn Lyric 8/8 in Pink 587 von Coats (für ein Topflappenpaar werden 2 Knäuel benötigt); Häkelnadel Nr. 3,5; kleiner schwarzer Knopf, 1 cm ø

Größe: 22 x 15 cm

Grundmuster: Lt. Zm. f.M. in Hin- und Rück-R. arbeiten. Arbeiten lt. Zm. siehe „Allgemeine Hinweise" auf Seite 6.

Maschenprobe: 10 M. x 10,5 R. ergeben ca. 5 x 5 cm.

Ausführung: Für das Hinterbein 8 Lm. anschlagen, bei Pfeil A beginnen = 7 f.M. in der 1. R. Nach 3 R. das Teil stilllegen. Für den Bauch 10 Lm. anschlagen = 9 f.M. Nach einer R. das Teil stilllegen. Für das Vorderbein 7 Lm. anschlagen, bei Pfeil B beginnen = 6 f.M. in der 1. R. Mit der 4. R. die Teile miteinander verbinden, dafür zwischen den Teilen jeweils 1 f.M. mit Fußschlinge arbeiten, siehe „Allgemeine Hinweise" auf Seite 7. Danach weiter über die gesamte Breite lt. Zm. arbeiten. Das im Zm. eingezeichnete Ohr wird separat gehäkelt.
Nach der letzten R. für den Aufhänger bei Pfeil C neu anketten, 8 Lm. häkeln, dann die Nadel aus der Schlinge nehmen, bei Pfeil D Schlinge durchholen und die Lm. mit f.M. dicht umhäkeln. Anschließend das Schwein mit Km. überhäkeln.
Für das Ohr 3 Lm. anschlagen, bei Pfeil E beginnen = 2 f.M. in der 1. R. Das Ohr mit f.M. überhäkeln, an der Oberkante festnähen.
An der Schnauze Km.-Linien aufhäkeln, siehe graue Linien im Zm. Km.-Linien aufhäkeln, siehe „Allgemeine Hinweise" auf Seite 7.
Für das Ringelschwänzchen 15 Lm. anschlagen und mit f.M. überhäkeln, dabei die 1. f.M. in die 2. Lm. ab Nadel häkeln. Weiter abwechselnd in eine Lm. 1 f.M., in die nächste Lm. 2 f.M arbeiten. Ringelschwänzchen aufnähen. Knopf als Auge aufnähen.

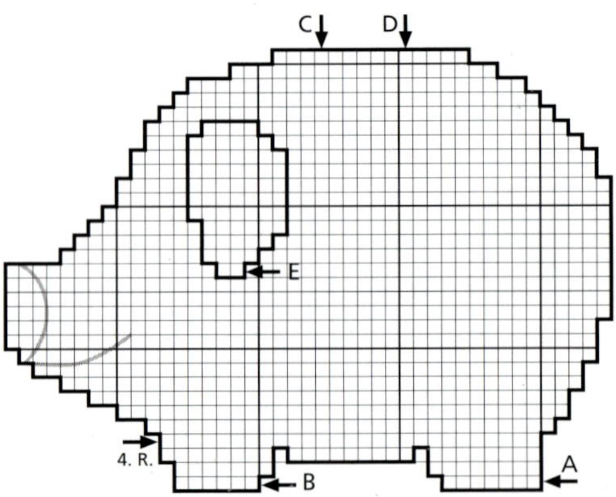

Wir danken der Firma Coats für die Unterstützung bei diesem Buch.

Die Deutsche Bibliothek – CIP-Einheitsaufnahme
Ein Titeldatensatz für diese Publikation ist bei Der Deutschen Bibliothek erhältlich.
ISBN 3-332-01212-6

www.dornier-verlag.de
www.urania-ravensburger.de
3. Auflage September 2002

Der Urania Verlag ist ein Unternehmen der Verlagsgruppe Dornier.

Umschlaggestaltung: Behrend & Buchholz, Hamburg
Fotos: Sabine Münch, Berlin
Lektorat: Eva Hauck
Satz: City Repro, Berlin
Druck: Jütte–Messedruck Leipzig GmbH
Printed in Germany

Gedruckt auf alterungsbeständigem Papier mit chlorfrei gebleichtem Zellstoff.

Die Schreibweise entspricht den Regeln der neuen Rechtschreibung.